PLAGE DITE LE LONG BEACH A L'EST DE L'ÎLE DE POOTOO

L'OSTRÉICULTURE ET LA PÊCHE EN CHINE

I

Comme on le verra dans l'intéressant récit de M. Fauvel, la pêche et l'ostréiculture constituent deux facteurs importants de la vie économique en Chine. La seconde de ces industries surtout y a pris un très grand développement. Il est vrai que les ostréiculteurs chinois ont toujours agi pratiquement, en se basant sur l'expérience et en laissant la théorie aux savants. Ils ne se sont pas crus obligés d'étudier l'embryogénie de l'huître, et ont fait produire leurs huîtrières sans rechercher les lois scientifiques de la reproduction du mollusque (1.)

L'archipel de Chusan est le grand centre de l'ostréiculture chinoise, de même que Ningpo est le marché de poisson de tout l'Empire Céleste. « Les huîtrières, nous dit M. Fauvel, s'étendent sur la vase molle tout le long de la côte, et jusqu'à la limite extrême des basses mers, à trois milles au large. Les propriétés sont limitées par de vastes fossés ou par de jeunes pins plantés aux angles des carrés. Le terrain est arrangé en longues séries de plates-bandes que l'on obtient en creusant des tranchées parallèles, de deux à trois pieds de largeur sur un de profondeur, et en accumulant des deux côtés la boue qu'on en retire. A marée basse,

(1) Les Chinois, bien que cultivant l'huître de temps immémorial, n'ont que des idées très confuses sur sa reproduction; ils croient que toutes les huîtres sont du sexe mâle et peuvent cependant se reproduire sans l'autre sexe dont ils nient l'existence. Ils supposent aussi que, dans le nord, toutes les huîtres ouvrent leurs valves du côté de l'est, tandis qu'au sud, c'est vers l'ouest qu'elles se tournent.

toute une population barbote dans les fossés. Chacun est armé d'une sorte de gaffe courte, crochet de fer emmanché au bout d'un bambou; au moyen de cet instrument on fouille dans la vase, pour y chercher les pierres qu'on saisit alors avec une pince formée d'un bambou fendu en deux et courbé au feu. On les lave dans l'eau du fossé, puis on les replace soigneusement sur la plate-bande. Les pierres chargées d'huîtres sont placées régulièrement en longues lignes parallèles comme des plants de fraisiers. De loin on dirait de vastes champs de pommes de terre au moment de la récolte.

« Quand on prépare une nouvelle huitrière, on dispose les pierres en petits tas de huit ou dix. Entre ces tas on dispose des pierres couvertes d'huîtres adultes ou ayant quatre ans d'âge. Ces dernières sont quelquefois simplement mêlées par moitié aux pierres des tas sur lesquelles le naissain se fixe bientôt. On éparpille alors les collecteurs sur les plates-bandes en veillant soigneusement à ce que ce soit toujours la même surface qui repose sur la boue. L'eau douce des torrents est menée dans les parcs par de petits canaux. On laisse croître les huîtres pendant une période de quatre années, au terme desquelles elles sont considérées comme ayant atteint leur grandeur marchande.

« Elles mesurent à cette époque de cinq à sept centimètres de longueur. On enlève alors les pierres chargées de ces huîtres et on transporte le tout au village, où les enfants et les femmes, armés d'un maillet et d'un ciseau, détachent les huîtres de la pierre ou bien les écalent au moyen d'une sorte de petite faucille en fer trempé de dix centimètres de long qu'on insère délicatement entre les deux valves près de la charnière dont on brise le nerf d'un tour de main. On jette l'huître arrachée à sa coquille dans un baquet plein d'eau de mer. C'est sous cette forme qu'elles sont vendues sur le marché. Quand on veut les transporter sur un marché lointain, on ne les ouvre pas, mais on les dépose dans des réservoirs ou parcs, disposés dans le voisinage immédiat des maisons. Les pierres, soigneusement débarrassées des vieilles coquilles, sont rangées en tas dans les cours et servent à nouveau; quant aux coquilles vides, elles sont mises de côté pour fabriquer de la chaux, le calcaire étant inconnu dans cette partie du pays. »

Les huîtrières que décrit ainsi M. Fauvel, sont situées au fond du golfe de Nimrod et font la richesse du village de Chang-Shan (la longue montagne).

En d'autres endroits on ne procède pas tout à fait de même, quoique en réalité tous les parcs se ressemblent. Les propriétaires de ces établissements s'entendent tous au reste à veiller à leurs intérêts, et ils sont récompensés par les bénéfices qu'ils réalisent. Un ostréiculteur chinois se fait en moyenne un revenu annuel de sept à huit mille taëls (le taël vaut 4 fr. 20 cent.), sur lesquels il doit prélever ses frais d'exploitation qui se montent à 1,900 ou 2,000 taëls. Les ouvriers, peu nombreux, se payent à raison de 3 taëls chacun par mois lunaire. Ils doivent veiller à la propreté des parcs et en éloigner tous les ennemis des mollusques. Suivant les Chinois, ces ennemis sont le *thou mou lo*, qui est une coquille, et le *chang ying yié*, qui est un poisson.

Le premier est muni d'une glande spéciale secrétant un liquide visqueux qu'il lance entre les valves ouvertes de l'huître, et qui la paralyse et la met ainsi à la merci de son agresseur. Le poisson brise l'huître et en avale le contenu (1). Il y a aussi une herbe rouge, herbe marine de la famille des floridées, qui apparaît sur la côte à une certaine époque et détruit, dit-on, tout un parc d'huîtres en quelques jours, si on ne s'en débarrasse promptement. Les propriétaires des parcs redoutent également la grande abondance de pluie qui, en diminuant la salure de l'eau, fait mourir une quantité considérable de mollusques. L'extrême sécheresse est tout aussi funeste, car alors les huîtres souffrent, parce qu'elles sont privées des infusoires dont elles font leur nourriture, et dont le développement est favorisé par le mélange des eaux douces avec les eaux salées.

Les Chinois mangent peu d'huîtres à l'état frais. Leurs livres d'hygiène recommandent de les faire cuire et sécher ensuite. La consommation des huîtres sèches est très considérable en Chine. Les prix varient suivant les années. La première qualité se vend environ 28 taëls les 60 kilogr. mais lorsque la récolte a été abondante, ce prix descend a 19 taëls. Il faut remarquer en outre que l'huître n'entre pas seulement dans l'alimentation mais aussi dans la thérapeutique chinoise. Les coquilles qui sont du carbonate de chaux, renfermant quelque sulfate et phosphate de la même base, s'emploient couramment dans les ordonnances des médecins chinois.

II

La pêche maritime et fluviale n'est pas moins prospère que l'ostréiculture en Chine. Les poissons sont nombreux surtout dans l'archipel de Chusan où la faune ichthyologique comprend plus de trente espèces. Parmi celles-ci il faut nommer en première ligne le requin que l'on chasse pour les ailerons et la queue qui se vendent séchés et préparés. La pêche est libre en pleine mer, sans aucune restriction sur la grandeur des filets et la largeur des mailles, la coutume traditionnelle faisant seule loi.

« Chaque barque a son numéro et doit se procurer une patente qui lui est octroyée par les autorités civiles moyennant paiement d'une certaine somme. Cette pièce doit porter le sceau du mandarin, et son exhibition est obligatoire chaque fois que les autorités le jugent convenable, pour vérifier les droits de tel ou tel navire. On doit aussi la faire viser aux stations de douane qui se trouvent dans les îles. Chaque bateau paie en outre chaque année deux dollars pour couvrir les dépenses d'entretien d'une jonque de guerre qui doit les protéger contre les pirates et maintenir le bon ordre parmi eux. Il y a dix de ces jonques dans le district de Chusan.

« Ces jonques de guerre sont armées de canons européens modèle Krupp et commandées par un *Chen-tai*, sorte de vice-amiral.

« Pour la pêche de rivage, le terrain appartenant à l'Etat, il est nécessaire d'obtenir une permission des mandarins. Chaque propriété est soigneusement délimitée et paie un droit proportionnel. Tout individu trouvé pêchant sur le terrain d'autrui est arrêté par les pêcheurs, qui s'emparent du bateau et des filets, et ne manquent pas de lui imposer une lourde amende. Il y a une espèce de jury ou de conseil de prud'-

(1) M. de Varigny, dans un de ses intéressants articles sur *la nature et la vie* publiés dans le journal *le Temps*, cite des cas analogues.

hommes choisi pour administrer ces affaires sous la direction du plus âgé du village.

« La pêche dans les lacs, rivières et canaux comporte aussi des règlements spéciaux. Un espace délimité est accordé sur le paiement d'une petite somme. Comme les eaux appartiennent à l'Etat, cette transaction se fait par l'intermédiaire des mandarins. Une patente est toujours accordée sur demande écrite, mais le propriétaire est rendu responsable de la conservation du poisson dans sa propriété. »

III

Sans doute dans cette immense étendue de territoire qu'est la Chine avec son incalculable population, telle industrie très prospère ne représente, si active soit-elle, qu'un coefficient relativement faible dans la totalité des forces économiques de la vaste nation. La pêche et l'ostréiculture sont dans ce cas. Leur valeur est pour ainsi dire tout intérieure. Le poisson et les huîtres se consomment dans la région et, lorsqu'ils s'expédient, c'est dans la sphère chinoise proprement dite que se maintient ce commerce. C'est pour cette raison qu'on n'en fait pas figurer les chiffres et les évaluations dans les statistiques. Or, la valeur annuelle du commerce de la Chine a plus que décuplé depuis 1880. Elle présentait à cette date un total de 157,177,039 taëls. La hausse a été rapide et progressive. En 1890, les chiffres, (importation et exportation réunies) sont : 214,237,964 taëls. En 1895, 314,989,976 ; au dernier relevé (1896) ils atteignaient 333,671,415 taëls. Il importe de rappeler que ces chiffres ne comprennent pas le cabotage et que le commerce extérieur lui-même n'y est pas intégralement représenté, car les bateaux chinois qui vont des ports ouverts aux ports fermés, et réciproquement, ne sont pas sur le contrôle des *foreign maritime customs* (douanes maritimes étrangères).

Si nous nous arrêtons un instant à ces données, c'est pour démontrer une fois de plus combien en ce peuple dont l'Europe se partage d'avance les dépouilles dans les compétitions et les conjectures diplomatiques ou spéculatives des puissances, il y a de ressorts latents. Vouloir briser ces ressorts pour y substituer ceux de la civilisation occidentale dont le fonctionnement est si mauvais qu'on en réclame partout l'urgente réforme, semble une aventure irréfléchie qui a quelque analogie avec la dilapidation d'une brillante succession par des héritiers pressés d'être envoyés en possession et incapables de gérer le bien qu'ils convoitent. Le morcellement de la Chine s'effectuera-t-il à brève échéance comme le prétendent ceux qui remanient la carte d'Asie au profit des ambitions coloniales? La solution de cette question appartient encore, quoi qu'on en pense, à un avenir qui peut être plus lointain qu'on ne le pronostique. Mais en supposant même qu'elle soit fatale pour la Chine, ce serait à nos yeux une faute sociale que de songer à coloniser à l'européenne cet empire qui n'ignore rien de nos découvertes et les a ingénieusement mises en œuvre avec persévérance quelques siècles avant notre émancipation de la barbarie et notre sortie de la nuit des erreurs.

Charles SIMOND.

MONASTÈRES DANS L'ÎLE SACRÉE DE POOTOO

L'ARCHIPEL DE CHUSAN [1]

I

La côte de Chine, sur toute son étendue, est semée d'îles et de rochers en grand nombre. Le plus important de tous ces groupes est celui qui, d'après le nom de l'île principale, s'appelle sur les cartes « Chusan group. » — L'archipel de Chusan est le plus célèbre de toute la côte de Chine et forme avec celui du groupe des pêcheurs « Fisherman's group, » la station de pêche pour des milliers de jonques du Chékiang et du Fokien. Les îles Saddle, un peu au Nord-Est, sont fort connues par leurs grandes huîtres, que l'on trouve souvent sur le marché de Shanghaï avec les huîtres, plus petites et plus délicates, qui viennent de la baie de Nimrod.

Entre ces îles, les marées sont très-irrégulières et varient suivant la direction du vent; il s'y trouve aussi de nombreux tourbillons, à courants violents, fort dangereux pour la navigation. Les passages sont étroits et dans quelques-uns les courants sont tels et la profondeur si grande, qu'il est impossible d'y jeter l'ancre avec sûreté. Nombre de ces îles ne sont d'ailleurs que des

(1) Extrait de l'ouvrage intitulé *Promenade d'un naturaliste dans l'archipel de Chusan et sur les côtes du Chékiang (Chine)* par Albert-Auguste FAUVEL, officier des douanes impériales maritimes chinoises. (Ch. Syffert. Cherbourg.)

rochers arides, habités seulement en été, par les pêcheurs qui viennent y sécher leurs poissons.

Chusan veut dire montagne du bateau dans le dialecte des gens qui la comparent à une jonque, dont les trois mâts sont simulés, disent-ils, par les trois pics les plus élevés de l'île. Située par 121°52' 30" à l'Est du Méridien de Greenwich et par 29° 54' de latitude Nord, Chusan est la plus grande île de l'archipel auquel elle donne son nom, elle mesure environ 21 milles de longueur sur 11 de largeur, et compte près d'un million d'habitants. Comme la plupart de ses sœurs, elle est formée de quartzite, grès, trachyte, avec des trapps, des porphyres et du granit gris à grains fins. Les montagnes ont des sommets arrondis et descendent à la mer par des pentes douces, pierreuses, n'ayant que fort peu de terre végétale. Aussi sont-elles peu boisées; le pin chinois, *Pinus sinensis*, seul réussit à y vivre et il y est très-rabougri; ce n'est què dans les ravins qu'il atteint sa taille normale, encore n'en trouve-t-on de beaux que sur le continent. Malgré leur aridité, ces montagnes n'en sont pas moins cultivées jusqu'au sommet. Partout où il y a quelques centimètres de terre végétale, l'industrieux habitant la retient par des murs en pierres sèches; le tout forme des terrasses successives qui gravissent les collines comme de gigantesques escaliers. On y cultive des patates douces, du sorgho et du millet; entre les pierres, là où toute culture semble impossible, le patient chinois sème du maïs. Dans les vallées et sur la côte on cultive le riz. Les champs sont protégés contre l'invasion de la mer par des digues, et les eaux douces sont retenues par des écluses qui s'opposent aussi à l'entrée de l'eau de la mer, lors des hautes marées.

Le thé est cultivé dans toutes ces îles et surtout dans l'île de Kin Tang (1) (la plus rapprochée de la côte), mais c'est seulement pour la consommation locale, chaque famille ne possédant que quelques arbustes. Il en est de même du tabac que l'on prépare sans sel, mais avec un peu d'acide arsénieux, pour lui donner du montant, et d'huile de choux pour l'empêcher de se réduire en poudre par la sécheresse.

Lorque le riz est coupé, on ramasse la terre en longues banquettes étroites, sur lesquelles on sème une sorte de trèfle, qu'on enterre plus tard comme engrais vert. On en mange aussi quelquefois les feuilles. Sur les côteaux secs on cultive le coton herbacé, *Gossypium herbaceum*. Malheureusement il est à soie courte et ne pourra jamais servir à la manufacture de bonnes cotonnades.

Au mois de mai et juin, on y trouve en abondance des abricots, des prunes, et surtout des pêches, dont on compte de nombreuses variétés, entre autres une, qui est plate, déprimée au centre; elle

____

(1) Aussi appelée Silver Island, Ile d'Argent.

est la plus estimée à cause de son goût très-fin. Les poires sont dures et de peu de valeur, mais on cultive de beaux coings à parfum prononcé que l'on sert sur les tables pour leur odeur, seule, car on les mange rarement.

En octobre, on récolte des noix, mais elles sont petites et bien inférieures à celles du Shantung ou de la Mongolie; il en est de même des grenades.

En fait de légumes on cultive des carottes, le *Brassica sinensis*, la moutarde, et surtout l'ail et l'oignon. Le piment rouge sert de condiment. En 1841, les Anglais introduisirent dans l'île la pomme de terre qui réussit très-bien, et qu'on transporte sur les marchés de Ningpo et de Shanghai où on la vend un bon prix aux résidents étrangers, tandis que dans l'île, elle coûte à peine un sou la livre.

Les arbres les plus communs dans l'île sont le peuplier, le camphrier, le saule, le sureau du Japon, les mûriers, et différentes espèces d'acacia, entre autres le Julibrizzin. Un des plus curieux et des plus utiles est l'arbre à suif, *Stillingia sebifera* (*Croton sebiferum*), dont les feuilles triangulaires et longuement pétiolées, revêtent à l'automne toutes les teintes variant du jaune clair au rouge le plus vif, et dont les fruits fournissent une sorte de suif végétal fort estimé et employé à la manufacture des chandelles.

L'huile est surtout fournie par le sésame et le *Dolichos trilobus*; on en fait aussi quelque peu avec les arachides qu'on sert sur la table en compagnie des châtaignes d'eau et des pépins de pastèques.

Le climat des îles Chusan et celui de Ningpo sont à peu près semblables, avec cette différence que les ardeurs de l'été, très dures à Ningpo, sont tempérées aux Chusan par les brises de mer; aussi, tous les étrangers qui peuvent quitter la côte viennent passer une partie des chaleurs dans ces îles, et y retremper leurs forces dans les ondes bleues de l'Océan pacifique, qui sur la côte même sont trop souillées par les eaux jaunes des grands fleuves. Le thermomètre y monte en août jusqu'à + 35° c. pendant le jour, descendant au-dessous de + 30° durant la nuit, tandis qu'à Ningpo il atteint + 45° et rend les nuits insupportables, privé que l'on est d'une brise rafraîchissante. En hiver on a observé jusqu'à — 5° en décembre, à Chusan. A Ninpgo (1), la moyenne varie de — 2°

(1) Ningpo proprement dit est une ville de premier ordre ou *Fu*, dont l'enceinte, d'environ sept kilomètres de circuit, renferme une population évaluée à 250,000 âmes. C'est le plus grand marché de poissons de toute la Chine. De là on exporte les produits de la pêche dans tous les ports de l'Empire et même dans les pays étrangers. Quelques-unes de ces exportations sont renommées, et les pieuvres ou sépias sèches de Ningpo ont acquis une grande et légitime célébrité. La ville est située par 121° 22' de longitude orientale de Greenwich et 29° 58' de latitude septentrionale, au confluent de deux rivières qui unissent.

à — 8°, alors les lacs et les canaux gèlent assez pour arrêter la navigation. L'atmosphère est généralement claire et sèche en hiver, le vent soufflant alors en mousson de la direction du Nord. En été, au contraire, règne la mousson du Sud, l'air manque aux poumons, il est lourd et humide. C'est alors la saison des pluies qui tombent souvent par torrents et pendant des semaines entières.

La température moyenne est alors de + 36° à 37° centigrades à l'ombre, la sueur sort abondamment par tous les pores et l'on souffre cruellement des moustiques qui s'élèvent chaque soir en nuées des rizières des environs. Ajoutez à cela que l'eau est saumâtre sur la côte et vous aurez une idée des agréments d'un voyage d'été dans ces régions trop aimées de Phébus.

Les ports de Chusan sont tous sur la côte Sud. Le plus important est Tinghai, du nom de la ville principale de l'île, bâtie au fond de la baie et qui est d'une certaine importance. La profondeur y varie de quatre à onze brasses, et comme les quatres entrées sont entre des îles, qui se profilent l'une et l'autre, on peut à peine les apercevoir une fois à l'ancre, on ne saurait dire comment on est entré dans ce lac. La conséquence naturelle est qu'il est parfaitement à l'abri des vents. Le fond y est vaseux, la marée y monte d'environ douze pieds avec un courant atteignant souvent cinq nœuds.

Le second port par ordre d'importance est Ching-Kiamen, à l'extrémité Sud-Est de l'île. Il consiste en un long canal fort étroit (environ un tiers de mille) entre l'île Chusan au Nord et l'île Lokea au Sud. Il n'est qu'à douze milles de Tinghai, mais la route entre eux est semée de rochers et de bas fonds de boue découvrant très-loin à mer basse. Ching-Kia-men est en conséquence plus fréquenté des navires de pêche; de fait il est le centre des pêcheries et le seul refuge pour les jonques prises dehors par le mauvais temps. La ville est sur le bord de l'eau et se compose de pauvres maisons habitées par les pêcheurs.

A l'extrémité occidentale de l'île se trouve le dernier port de ces parages, Chingkeang, formé par un canal entre Chusan et la petite île de Latea; il n'a aucune importance et n'est en somme qu'un port de refuge.

Du côté qui regarde le continent, les rivages de toutes les îles sont bas et marécageux, et découvrent souvent à une grande dis-

leurs eaux sous ses murs et forment un fleuve large et profond, le Yung ou Tatsieh, qui se dirige vers le Nord-Est, et atteint la mer à Chinhai, à 12 milles de là. La profondeur variant de deux à six brasses, de grands steamers et de lourdes jonques peuvent jeter l'ancre sous ses murs. Un peu au-dessus de la douane, des centaines de jonques (dont le tonnage varie entre cent et deux cents tonneaux et au-dessus) sont à l'ancre, rangées en ordre, sur les deux côtés du fleuve, où se trouvent de larges et populeux faubourgs. Les établissements étrangers sont sur la rive Nord en face de la ville ou plus bas et communiquent avec elle au moyen d'un pont de bateaux.

tance à marée basse. Sur ces immenses plages de boue on dispose
de vastes enceintes de filets verticaux. Cette description s'applique

MONUMENT BOUDDHIQUE DANS L'ÎLE SACRÉE DE POOTOO

aussi à la plus grande partie de la côte chinoise. Les plages Nord
et Est des îles, qui regardent l'Océan, sont au contraire abruptes,
rocheuses et sablonneuses; la mer y est bleue et la houle très-forte;

mais il n'y a point là de ports de refuge. Comme les abords de ces
îles sont extrêmement dangereux, l'administration des douanes a
fait ériger sur plusieurs d'entre elles de beaux phares de première
classe, munis de lanternes françaises à la Fresnel, et dont le feu est
visible à 30 milles au large.

Pour terminer la nomenclature des baies et ports de ces parages, il nous faut revenir un moment sur le continent.

A quarante milles au sud de la baie Nimrod, nous rencontrons
une baie plus ouverte appelée « Son Moon bay (1) » sur les cartes.
A l'entrée se trouve le fameux port de Shih-pu, admirablement
situé au fond d'une anse, et possédant un excellent mouillage pro-
tégé par un archipel d'une douzaine de petites îles.

Puis vient plus bas au sud la baie de Taichou. Là se trouvent
de magnifiques huîtres longues et étroites ; j'en ai rapporté un
échantillon parfaitement droit, mesurant cinquante centimètres
de longueur. Aiguë près de la charnière, elle s'élargit graduelle-
ment pour atteindre dix centimètres à l'extrémité opposée ; la
charnière est longue de cinq centimètres, en douille et cannelée.
C'est le plus grand échantillon d'huître que j'aie vu dans aucun
musée. Les pêcheurs chinois m'ont assuré qu'on en trouve quelquefois qui mesurent jusqu'à trois pieds de longueur. La lunule
qui marque l'impression du muscle abducteur est violet foncé ; or
cette particularité ne se trouve, dit-on, que dans les huîtres
d'Amérique. Cette huître existe sur la côte de Chine, jusqu'à la
baie de *Ta-lien-wan* dans le Nord du golfe de Pécheli, où elle ne
dépasse guère quelques centimètres.

J'ai eu l'occasion à Ningpo de manger plusieurs de ces huîtres
énormes, elles étaient grasses et molles malgré leur âge avancé,
et couleur de crème ; bien qu'elles ne vaillent pas les huîtres de
Stavanger (Norwège), les meilleures que j'aie jamais goûtées, elles
sont vraiment fort bonnes. On ne s'expose pas d'ailleurs à leur
donner mauvais goût en les ouvrant, car la poche d'eau fétide qui
existe dans nos huîtres, ne se trouve dans aucune de celles que
j'ai vues en Chine. Ces grandes huîtres ne sont pas cultivées, elles
sont prises au fond de la baie par des plongeurs qui descendent
souvent à de grandes profondeurs, munis d'un ciseau et d'un mar-
teau, ou plus simplement d'une longue barre de bois dur, armée à
l'extrémité d'un tranchant d'acier. Ils mettent toujours dans leur
bouche un petit morceau d'acide arsénieux. Cela les aide beau-
coup à retenir longtemps leur respiration ; ils prétendent aussi
que cette drogue leur maintient l'estomac chaud, probablement en
produisant un catarrhe de cet organe. Aux grandes marées d'équi-

(1) C'est cette baie qui est aujourd'hui réclamée comme port libre par les
Italiens, et les conflits diplomatiques soulevés à cette occasion par l'Angleterre
et l'Allemagne indiquent l'importance de l'archipel de Chusan et l'intérêt
actuel qui s'attache à l'étude de ces parages (C. S.)

noxe, hommes, femmes et enfants vont détacher les huîtres des rochers laissés à sec dans toutes les îles des environs.

Les pêcheurs de ces îles comme ceux du district de Ningpo ont une forte constitution. Bien que pauvrement nourris, ils sont résistants et supportent facilement de grandes privations. Il leur arrive souvent, l'hiver, de passer plusieurs jours et plusieurs nuits dans des vêtements mouillés d'eau de mer qui gèle sur eux. Ils ont les manières rudes des gens de mer, mais comme le commun de leurs frères sur le globe ils ont bon cœur et sont hospitaliers. Ceux des îles des pêcheurs " fishermen's group " sont excellents plongeurs. Un navire chargé de plomb et d'argent ayant coulé dans ces parages, on fit venir des scaphandres qui sauvèrent l'argent, mais on abandonna le plomb, trop difficile à enlever du fond de la cale. Bien que la profondeur fût de 90 pieds, les plongeurs chinois découvrirent ce trésor, et exploitèrent pour leur compte cette nouvelle mine de plomb en saumons. Un seul homme périt victime de son audace; il ne reparut jamais, mais cela n'empêche pas les autres de plonger chaque été pour s'emparer du plomb.

Courageux jusqu'à un certain point, ils perdent cependant facilement la tête en cas de danger, et sont superstitieux, comme presque tous les matelots et pêcheurs. Ils ne partiront jamais pour une expédition sans avoir soigneusement examiné leur almanach, afin de s'assurer si le jour est propice. Ils consultent le sort pour savoir si la pêche sera fructueuse; si le jour est néfaste, ou le sort contraire, les meilleures marées et les vents les plus favorables ne pourront les décider à lever l'ancre. Pour s'assurer le succès, le plus jeune des matelots brûle au moment du départ une imitation grossière de lingots d'or et d'argent faite en papier, et il allume chaque soir des bâtonnets odorants devant la statuette de l'impératrice du ciel *Thien hou*, aussi appelée *Hai shen mou*, Mère sainte de l'Océan.

Les femmes sont robustes, et bien qu'elles observent régulièrement la coutume de se mutiler les pieds, elles font presque toute la grosse besogne chez elles, ou aux champs; préparant les repas, faisant les filets, ramassant le coton qu'elles filent et tissent, pendant que les hommes sont à la pêche. Elles récoltent le thé, le font sécher au soleil, et la provision de la famille étant faite, s'il en reste assez pour le vendre, on envoie le surplus dans la province du Kiangsu. Les femmes du peuple nourrissent longtemps leurs enfants et il n'est pas rare de voir un enfant de deux ans et même plus, pouvant se tenir solidement sur ses jambes, et debout, suçant le sein de sa mère. Dans les familles riches, on prend quelquefois des nourrices à gages. Comme partout en Chine, les familles de quatre et cinq enfants sont fréquentes, même chez les pauvres, et elles seraient encore plus nombreuses si on ne recourait pas si fréquemment à l'infanticide. Les filles sont surtout sacrifiées.

La polygamie, commune chez les riches, est rare parmi les pêcheurs, car ils n'ont pas les moyens de nourrir plus d'une femme. Chaque maison, bien que ne consistant souvent qu'en une ou deux chambres, est une petite colonie, où l'on trouve fréquemment trois générations : les grands parents, leurs enfants, et les enfants de ces derniers. Tous sont actifs, prenant leur part de la besogne.

Près du port de Chingkiamen existent des gens venus du Fokien et auxquels il n'est pas permis d'habiter sur terre. Toute la famille se trouve ainsi forcée de vivre sur des bateaux. Ils ne peuvent aucunement se mêler aux autres, ni subir les examens, ou exercer d'autres professions que celles de barbiers et porteurs de chaise. Leurs femmes sont perruquières et savent épiler au moyen d'un fil de soie qu'elles roulent sur le visage de leurs clientes, car ici elles ne peuvent toucher aux hommes qu'elles rasent à Ningpo. Elles ont un costume particulier qui consiste en une jaquette noire avec jupe bleue; pas plus que les hommes elles ne peuvent porter des broderies ou des couleurs sur leurs souliers. Elles ont sur la tête le même bandeau que les autres, mais il doit être d'une couleur sombre et dépourvu d'ornements. Dans leur intérieur cependant elles ne sont pas tenues à observer ces règles. Ce n'est qu'à la troisième ou quatrième génération, que leurs fils peuvent se présenter aux examens.

On trouve encore à Chusan une seconde classe de parias vivant à terre, ils sont surtout musiciens et on les loue pour les fêtes de mariage, les pompes funèbres ou les processions religieuses. Comme les premiers, ils ne peuvent s'unir qu'entre eux.

* * *

Les pêcheurs de ces îles sont aussi adonnés à l'usage de l'opium, mais ils ne fument qu'à terre; à bord, leur vie est sobre et laborieuse. A toutes les observations qu'on leur fait, ils répondent que l'opium leur sert de médecine et leur donne des forces. En tout cas, l'usage de cette drogue les amollit considérablement. Leurs femmes, qui n'en usent point, sont en général plus courageuses que les hommes. De fait, ce sont les plus énergiques que j'ai vues dans tout le Nord de la Chine, elles semblent ne rien craindre, dès qu'elles ont la tête montée; connaissant leurs pouvoirs, elles se sont plus d'une fois rendues chez un mandarin dont elles croyaient avoir à se plaindre, à tort et à raison. Un jour elles en saisirent un de force dans sa chaise et lui firent passer un mauvais quart d'heure.

Une autre fois on voulut imposer l'impôt du sel aux habitants d'une de ces îles; ils résistèrent. Les soldats de Chusan envoyés

PORT DE TING-HAÏ (Archipel des îles Chusan.)

contre eux, trouvèrent une résistance acharnée et se firent battre.
A leur retour ils furent hués par les femmes, qui les désarmèrent,
et les dépouillèrent entièrement de leurs vêtements. Comme plusieurs avaient été tués ou blessés dans l'expédition, leurs femmes
se portèrent en masse au tribunal du gouverneur, qu'elles assiégè-
rent et elles exigèrent une compensation en argent pour la perte
ou les blessures de leurs époux. D'autres se rendirent dans les temples
et, s'emparant des cloches, des tambours et des gongs sacrés, son-
nèrent un tocsin de leur invention. Bon gré mal gré il fallut capi-
tuler devant le *sexe faible*, chaque veuve reçut 400 dollars pour
s'acheter un nouvel époux, les autres obtinrent des compensa-
tions pour les blessures reçues par leur maître et seigneur.

Autrefois les habitants des îles Chusan étaient des pirates si re-
doutables que les soldats des jonques de guerre envoyés contre
eux signaient avec eux une sorte d'alliance plutôt que de les
combattre. De fait, ils partageaient le butin pour prix de leur non-
intervention, et ils rentraient raconter des exploits imaginaires.
Quant aux pêcheurs, ils payaient une sorte de dîme à ces écumeurs
de mer qui reconnaissaient un roi établi dans l'île de Taishan et
mort il y a seulement quelques années. Mais la navigation à vapeur et la présence des navires de guerre étrangers, dans les eaux
chinoises, mit bientôt un terme à la piraterie, du moins dans ces
parages, car elle existe encore dans le sud de la Chine, sur les
côtes de Hainan et de Formose.

Maintenant la plupart des habitants sont engagés dans la manufacture de sel et, ne pouvant plus voler les voyageurs, ils volent le
gouvernement en faisant la contrebande du sel qu'ils introduisent
secrètement dans les provinces du continent où il est le plus
cher.

La coiffure d'hiver est une espèce de bonnet cylindrique de
toile de coton noire froncée sur le dessus où se trouve généralement un trou central; ou bien encore un bonnet conique de feutre
brun à bords relevés; en été ils portent un petit chapeau de jonc
tressé de Ningpo. Ce port en expédie chaque année par millions
dans l'archipel. Ces bonnets ne se vendent d'ailleurs pas plus de
vingt centimes. En temps de pluie, le bonnet est remplacé par un
large chapeau conique en bambou et le *so-i* par-dessus imperméable en bractées de palmier, cousues l'une sur l'autre.

Les vêtements des femmes sont faits de coton et de la même
couleur que ceux des hommes. En été elles ne portent que le
jupon et sur la poitrine une sorte de plastron ou losange retenu
autour du cou par un cordon de soie, ou même une chaînette d'argent quand elles peuvent se payer cette petite coquetterie. Les plus
fortunées ont aussi des épingles de tête, des pendants d'oreilles,
des bagues en forme de tube et des bracelets forme étrusque (une
simple corde, formée de deux gros fils tordus emsemble), le tout

en argent peu allié. En hiver, elles mettent une longue jaquette boutonnée sur le côté droit, et à longues manches larges retombant sur les mains. Celle des jours de fête est bordée de passementeries ou de broderies en soie de couleur, de même que leurs petits souliers qu'elles fabriquent toujours elles-mêmes.

Comme les hommes, elles ont toujours à la main une longue pipe à tuyau de bambou avec petit fourneau hémisphérique en cuivre et gros bouquin en verre ou jade commun, souvent en agathe. La toilette des femmes non mariées est la même, sauf qu'elles ne portent pas le jupon par-dessus le pantalon et qu'elles emploient plus de couleurs. Elles mettent moins de rouge et de blanc sur leur figure que leurs sœurs du continent, mais elles se peignent toujours pour les grandes cérémonies, ou les jours de fête. Le rouge leur est fourni par la fleur du carthame, et le blanc est fabriqué avec la farine qui se trouve dans les graines de la plante appelée communément Gloire du Pérou.

Le mobilier de ces pauvres gens consiste en bien peu de chose. Les objets les plus importants sont le lit et les ustensiles de cuisine. Le lit se compose généralement d'un cadre de bois sur lequel sont tendues des cordes de fibres de palmier, formant une sorte de lit de sangles, léger et élastique, appelé *Tsung-pan* (*tsung,* palmier, *pan,* une planche). Deux bancs ou tréteaux servent de pieds. Là-dessus on place un petit matelas de coton d'environ deux ou trois centimètres d'épaisseur, un autre matelas sert de couverture piquée, un petit oreiller carré et oblong tient lieu de traversin quand on ne se contente pas d'une botte de paille de riz. Voilà tout le couchage pour l'hiver. En été une natte de jonc, une grossière moustiquaire faite d'une toile de chanvre tissée à jour, c'est tout ce qu'il faut dans ces latitudes chaudes. L'oreiller-traversin de coton ou de paille est alors remplacé par un petit banc en lattes fines de bambou, frais et élastique à la fois.

Les pauvres n'ont point de vêtements de nuit et ils se roulent tout nus sous leur couverture, ayant soin l'hiver de placer leurs vêtements dans une espèce de chauffoir fait d'une cage de bambou suspendue dans un baquet au fond duquel on a déposé les cendres chaudes du foyer. L'été, à bord de leurs jonques, comme ils n'ont point la place de monter une moustiquaire, ils se réfugient dans un trou de la cale et brûlent, pour éloigner les moustiques, des bâtonnets faits de sciure de bois de genévrier, mélée à de la poudre d'arsenic, du tabac et du bézoard indien. Souvent ils se contentent de mettre le feu à une corde grossière faite de feuilles et de tiges d'armoise dont ils se servent aussi comme de mèche pour allumer leurs pipes et le feu de la cuisine. A défaut de mèche ils emploient un briquet et une sorte d'amadou fait avec le duvet d'armoise trempé préalablement dans du salpêtre. Le silex est importé d'Angleterre, car on ne le trouve pas en Chine. Ils le remplacent

souvent par du cristal de roche grossier ou simplement un morceau de quartz blanc.

Les ustensiles de cuisine consistent en deux chaudières de fonte,
hémisphériques, scellées dans un fourneau de briques. Pour en
augmenter la capacité on lute sur le bord, avec un mélange de
chaux et d'huile, un baquet sans fond que l'on recouvre d'un
baquet plat renversé servant de couvercle mobile. L'un de ces
appareils sert à faire bouillir l'eau, dans l'autre on cuit le riz à la
vapeur, puis les légumes ou la viande qu'on y pêche avec une

TRAÎNEAU A BOUE DE L'ARCHIPEL DE CHUSAN.

Mannequins qui ont figuré à l'Exposition internationale de pêche à Berlin en 1880.

écuelle en bois. Le chauffage se fait avec des feuilles et des herbes
sèches ou les longues tiges fleuries de *Phragmites* ou autres roseaux.
A bord on se sert d'un petit fourneau de terre cuite, pareil à celui
de nos laboratoires, et les roseaux trop volumineux sont rem-
placés par d'excellent charbon de bois. Un éventail fait office de
soufflet; les poumons humains en tiennent aussi souvent lieu; on
dirige alors le souffle sur les charbons au moyen d'un tube de
bambou qui n'est d'ordinaire que le tuyau de la pipe.

Quelques bols de porcelaine grossière, une ou deux écuelles de
même matière, le tout serré dans une armoire en bambou, com-
plètent le service de table. Deux ou trois bancs, une table vernie
à l'huile et peut-être une chaise ou deux en bambou, voilà tout le

VUE DE LA VILLE DE TING-HAÏ (Archipel de Chusan.)

reste du mobilier dont on se dispense d'ailleurs à bord des jonques où le pont sert à tout.

Le fond de la nourriture des pêcheurs des îles Chusan consiste en riz glutineux appelé *Ngo-mi* et en poisson. Une soupe faite de poisson bouilli avec de l'eau, du sel et du riz, est considérée comme très fortifiante. Ils font trois ou quatre repas par jour.

De six à douze bols, suivant leurs moyens, remplis de poisson ou de légumes forment les plats substantiels; au milieu est une jarre ou un baquet de bois plein de riz bouilli. Chacun y plonge son écuelle et remplit son bol aussi souvent qu'il lui plaît. Les assaisonnements sont la sauce noire appelée *soye*, ou une sauce rouge faite de crevettes pilées dans l'eau salée. Le sel est abondamment employé ainsi qu'une espèce de fromage fait de haricots et appelé *Tou-fu*.

Ce que nous venons de décrire est le repas de tous les jours à la mer; mais à terre, il se complique souvent de patates douces, cuites avec le riz, de gâteaux de maïs, des légumes frais ou salés, des jeunes pousses de bambou, auxquels on ajoute des méduses salées, des holothuries et des ailerons de requin cuits avec des œufs; des oies, un canard ou un vieux coq aux choux du Shantung. Pour les jours de fête on tue un cochon ou une chèvre; quant aux moutons, il n'y en a point dans ces îles.

La chair de bœuf est inconnue, comme partout en Chine, pour deux raisons : les classes supérieures appartiennent à une secte qui considère que c'est un péché d'en manger. Pour les pauvres, ils trouvent que ces animaux leur sont plus utiles pour labourer les champs ou faire tourner les roues hydrauliques qui doivent les irriguer.

Le thé est la boisson générale et chaque famille en possède quelques plants qui suffisent à sa consommation. Les feuilles sont simplement séchées au soleil. Ce thé donne une infusion couleur de vin blanc et d'un goût extrêmement délicat; quand on s'y est habitué, on ne peut plus boire le thé tel que nous le connaissons en Europe et qui est au thé des indigènes ce que le café noir serait à une infusion de café vert. Je dois ajouter que le thé de ce pays est le meilleur de toute la Chine.

Mais le thé serait un stimulant insuffisant à cette classe livrée à de rudes travaux; aussi les boissons alcooliques sont-elles en grand usage, surtout à terre, car on dit qu'ils en usent peu à bord. Ces alcools connus sous le nom de *Samshu*, c'est-à-dire « trois fois distillé », viennent des deux ports du Nord, Tchéfou et Niuchuang, où on les obtient par la distillation du sorgho.

***

En m'éveillant, je m'aperçus qu'au lieu de me trouver à l'ancre

d ans la baie de Tinghai comme je m'y attendais, j'étais à sec sur
un banc de boue à un jet de pierre d'un des nombreux îlots de
l'archipel. J'appris alors que mon imbécile de pilote craignant le
mauvais temps, avait d'abord jeté l'ancre à Tamao, mais une
éclaircie s'étant faite, il avait poussé jusqu'à Bell-rock et s'était
mis sur la boue, méthode toute chinoise de se mettre à l'abri des
vagues. Chaque nuit on va se mettre ainsi sur la vase où la marée
du matin vient vous reprendre. Certains bateliers tirent même
leurs barques sur le rivage. Il est vrai de dire que c'est le meilleur
moyen de dormir en paix. Je dus donc m'armer de patience et
attendre que la mer voulût bien venir nous reprendre; seulement,
ne désirant point tout-à-fait perdre mon temps, je hélai les natu-
rels de l'île qui vinrent me prendre au moyen d'un léger bateau
qu'ils poussèrent sur la boue. En attendant le retour de la marée,
j'examinai l'îlot formé d'une sorte de grès rouge volcanique, dans
les anfractuosités duquel poussaient quelques arbres rabougris,
entre autres l'orme chinois à petites feuilles, qui perd son écorce
comme nos platanes et voit souvent ses feuilles mangées jusqu'à
la dernière par des milliers de chenilles processionnaires. Quelques saules étaient plantés près des cabanes des saulniers. Ce fut
là en effet que je pus observer les premières salines des Chusan,
telles que je les trouvai ensuite sur les côtes basses de la plupart
de ces îles.

Pour fabriquer du sel, on choisit près de la mer un espace
horizontal de 500 à 800 mètres carrés qu'on nivelle soigneusement
au moyen d'un énorme rouleau de granit et qu'on entoure de
murs de boue. On y laisse entrer l'eau aux hautes marées, ou
bien on l'y transporte, soit avec une noria soit par d'autres
moyens; on laisse l'eau s'évaporer à moitié, puis on en introduit
une nouvelle quantité. On renouvelle cette opération jusqu'à ce
que le sol soit fortement imprégné de sel. Alors on le laboure et
on enlève la surface à la pelle.

Cette terre, avec le sel et autres dépôts marins ainsi obtenus,
est portée aux salines, où on en fait une bonne provision qu'on
amasse en meule, protégée contre les pluies par des nattes de
paille. Cette opération se fait ordinairement une fois par an, vers
l'équinoxe du printemps. La terre salée est alors traitée à nouveau; on en prend une certaine quantité au tas, et on l'étend sur
l'aire de la fabrique (cette aire est bien nivelée et battue, puis
durcie avec de lourds rouleaux de pierre); réduite en poudre,
on l'imbibe d'eau de mer qu'on laisse évaporer; en répétant cette
opération, on obtient une masse spongieuse, couverte d'efflores-
cences salines. Ramassant de nouveau cette terre sursaturée au
moyen d'un large grattoir, on la place dans un grand réservoir
conique en terre grasse, dont le fond est percé d'un trou surmonté
d'une couche filtrante de balle de riz et de cendre, ou mieux de

charbon de bois en poudre. Sur le tout on verse de l'eau de mer qui, traversant la terre, filtre lentement à travers la paille et tombe enfin claire et fortement saturée de sel dans une jarre ou baquet où la conduit un tube en bambou. On la verse alors sur des plateaux rectangulaires en bois, mesurant près de deux mètres de long, environ soixante centimètres de large sur deux de profondeur. Là elle s'évapore plus ou moins vite selon le temps et la saison. En été, un de ces cristallisoirs donne cinq à six cattis de sel par jour. En hiver le maximum de la production tombe à un catti et demi et au-dessous.

Ces plateaux sont faits en planches de pin huilées et ils sont soigneusement rendus étanches au moyen d'un calfatage au *chunam*, sorte de mastic fait d'huile et de chaux mélangées. Ils portent tous, imprimé au fer chaud, le sceau du mandarin, prouvant qu'ils ont acquitté les droits. Ils peuvent durer quinze ans et coûtent de trois à quatre francs pièce. A chaque bout se trouvent deux poignées permettant de les remuer plus facilement. En temps de pluie on les empile l'un sur l'autre; quand il vente on les assujettit en les chargeant aux angles de quelques lourdes pierres. Pour faciliter l'évaporation, on les élève légèrement au-dessus du sol humide en les posant sur quatre piquets. On fait chaque soir la récolte du sel au moyen d'un râcloir en fer; on le place ensuite dans des sacs en jonc qu'on emmagasine. Quelques familles possèdent plus de cent cristallisoirs et l'on estime que chacun d'eux peut fournir pour une piastre de sel par an (soit cinq francs).

L'eau mère, résidu incristallisable, est employée pour précipiter la caséine dans la manufacture du fromage de haricots (*Tou-fu*). C'est aussi un poison auquel ont recours les personnes fatiguées de la vie.

Ce sel n'est ni aussi pur ni aussi blanc que celui que l'on obtient par ébullition dans le golfe de Nimrod et qui est renommé pour sa blancheur et son excellente qualité, dues, dit-on, à l'emploi d'un chaudron fait de bambou et de chaux, au lieu d'une chaudière en fer. A Ningpo il y a une proportion de 90 pour 100 de sel de Chusan et 10 pour 100 de sel bouilli de Nimrod Sound.

Je visitai les cabanes des saulniers; elles sont basses, humides, bâties en pierres sèches et recouvertes en chaume. L'un des hommes souffrait d'un eczéma aux jambes avec des plaies en plusieurs endroits. Cette maladie est peut-être due à l'insalubrité de ces habitations et à la nourriture misérable de ces pauvres gens.

Fatigué d'attendre le retour de la marée, je descendis dans un léger youyou manœuvré par deux solides matelots, et, luttant courageusement contre le courant, nous réussîmes à aborder à Chusan, mais à plusieurs kilomètres à l'ouest de la ville de Tin-

ENTRÉE D'UN TEMPLE DANS L'ÎL POOTO

ghai, que m'indiquait au loin le toit d'une église catholique, seul monument dépassant les murs.

En me dirigeant vers la ville, je remarquai non loin du bord de la mer les ruines de plusieurs glacières autrefois en assez grand nombre dans l'île. Aujourd'hui, toute la glace employée par les pêcheurs vient de Ningpo.

Comme le commerce du poisson est impossible dans ces pays sans l'emploi de la glace, les Chinois du Chékiang se sont ingéniés de bonne heure à la conserver. On trouve sur les bords du *Yung*, la rivière du Ningpo et entre cette ville et la mer, plus de 300 de ces glacières. Comme elles diffèrent essentiellement des nôtres, elles méritent une description.

Elles ne sont pas souterraines, comme on aurait eu le droit de s'y attendre, ceci à cause du terrain qui est trop humide. Toutes construites sur le même modèle, elles ont à peu près les mêmes dimensions, et consistent en un réservoir dont le fond est au niveau des rizières. Ce réservoir qui mesure environ 20 mètres de long sur 15 de large, est formé par quatre murs de terre de douze pieds de haut, sur 8 ou 10 d'épaisseur à la base et 3 au sommet. Ils sont quelquefois renforcés avec des pierres. Sur ces murs s'élève un haut toit de chaume à pente rapide et fort épais, posé sur une charpente de longs bambous. Dans ce toit est pratiquée une ouverture fermée au moyen d'un épais rideau de paille; on y arrive par deux plans inclinés. C'est par cette ouverture qu'on remplit la glacière. Souvent une petite porte placée au nord dans l'épaisseur du mur et au niveau du fond sert à retirer la glace. Lorsque le temps est assez froid, on fait arriver l'eau dans les champs de riz et on y récolte la glace chaque matin, avant le lever du soleil. On prend grand soin de l'avoir aussi pure que possible; à cet effet, certains endroits des champs immergés sont creusés assez profondément et les chemins et plans inclinés conduisant à la glacière sont recouverts de grossières nattes en bambou. On empile la glace en couches épaisses, séparées par de lourdes nattes de pailles, qui servent également à recouvrir le tout quand le réservoir est plein. Dans le fond de la glacière sont creusées des rigoles, servant à conduire au dehors l'eau provenant de la fonte de la glace. Bien que fort simples, tous ces arrangements sont très effectifs, et il est étonnant de voir la glace se conserver aussi facilement, malgré les fortes chaleurs de l'été. La plus grande partie du succès, sinon le succès tout entier, est dû à la nature de la terre qui forme le réservoir. C'est une terre épaisse et argileuse, ne séchant jamais complètement, si ce n'est à la surface. Elle est imperméable à l'eau comme à la chaleur, qui, dans des sols plus poreux ou sablonneux, ne manqueraient pas de pénétrer jusqu'à la glace et de la fondre. Avec ce système, la glace se conserve souvent pendant des années, ce qui est fort heureux, car l'hiver est quelquefois si doux qu'on ne peut en récolter. On dit même qu'une loi spéciale oblige les propriétaires à avoir toujours sous la main pour trois ans de glace, dans des glacières spécialement réservés pour cette provision.

La capacité d'une glacière varie entre 2,000 et 13,000 piculs, chaque picul étant équivalent à la charge d'un homme ou à 80 cattis, au lieu de 100, valeur en cattis du picul ordinaire.

Une glacière coûte de 300 à 400 dollars, y compris le terrain d'environ deux acres, sur lequel on récolte la glace. Le louage des coulies pour le transport et l'emmagasinage de 800 piculs revient à 130 dollars. Dans quelques cas, au lieu de payer les coulies, on leur donne dans les bénéfices résultant de la vente de la glace une part égale à celle des propriétaires. Le prix de la glace varie de 6 à 10 sapèques le catti. Dans les bonnes années, 1,000 *tans* ou 800 piculs rapportent environ 500 dollars par an, la glace étant vendue à forfait par l'intermédiaire d'agents.

II

Un vieux pêcheur Chusanais ayant bien voulu me servir de pilote pour visiter d'autres îles, nous partons avec bonne brise.

A babord, nous apercevons la fameuse île sacrée de Pootoo, (Poutou) célèbre dans toute la Chine pour ses nombreux monastères et sa population de prêtres, qui seuls peuvent l'habiter. Plusieurs des îles de l'archipel Chusan sont la propriété exclusive des bonzes; c'est de là qu'ils tirent leurs provisions et leur bois. Les femmes sont strictement exclues de Pootoo; elles ne peuvent y passer que quelques heures pour venir se prosterner devant les statues de la déesse *Kuan-Yin* et, le soir venu, elles doivent se retirer à bord de leur bateaux. Les prêtres bouddhistes ne vivant absolument que de légumes, tout ce qui a vie est respecté sur leur territoire, aussi le naturaliste trouve dans l'île un vaste champ de recherches zoologiques. Les oiseaux n'y étant jamais inquiétés y sont fort nombreux et peu timides; les serpents y abondent et on en rencontre de fort beaux; on peut citer l'*Elaphis tœniurus*, le *Daphnis dione*. On m'a assuré qu'on y a vu le *Naja* ou le *Cobra*. Les touristes qui habitent les temples, l'été, se plaignent souvent de l'abondance extrême des puces.

Cette île mesure 3 1/2 milles de longueur sur 1 mille de largeur et même moins en certains endroits. Elle est située à 1 1/2 mille à l'Est de Chusan. Le détroit qui les sépare s'appelle l'Océan des lotus. Sur toutes les surfaces rocheuses un peu planes, les prêtres ont gravé des caractères sanscrits et chinois signifiant « a-mi-to-fog » loire au joyau dans le lotus, c'est-à-dire gloire à Bouddha, invocation que les bonzes répètent sans cesse sur les grains

noirs de longs chapelets, faits des graines lisses et parfaitement
sphériques du *Sapindus chinensis*.

L'île possède une centaine de monastères, tous construits dans
des sites charmants, au bord d'un ruisseau, à l'ombre de magnifiques camphriers aux baies parfumées, ou juchés sur la pointe
de rochers qui s'avancent jusque dans l'écume des vagues ou s'élan-
cent vers le ciel. Les prêtres sont au nombre d'environ 2000;
quelques-uns vivent en ermites, renfermés dans une petite cabane
ou dans une chambre ou une grotte, d'où ils ne sortent jamais.

Le séjour de l'île est enchanteur et l'été les habitants de Shanghaï et de Ningpo s'y rendent pendant quelque temps pour échap-
per aux chaleurs torrides du continent. A Pootoo la brise de mer

PORT DE LOOKANG (île King-tang.)

souffle sans cesse et rafraîchit l'air; les nuits sont toujours assez
fraîches pour qu'on puisse dormir, et la température moyenne y
est de plusieurs degrés au-dessous de celle de Ningpo et de Shanghaï. Puis chaque matin ou chaque soir, quand le soleil est assez
bas sur l'horizon pour qu'on ne craigne plus les insolations, on
va prendre de délicieux bains de mer sur les plages de sable fin
et dans les eaux pures de la côte orientale. Une de ces char-
mantes criques réservée aux dames a reçu le nom de « Ladies
beach »; une autre d'un mille de long s'appelle le « Mile beach ».
On se loge dans les temples où l'on apporte son mobilier et où l'on
campe pendant un ou deux mois.

Dans les piscines qui se trouvent autour des temples, on élève
de magnifiques lotus roses au milieu desquels se jouent des carpes
monstres et quantité de tortues qu'y a déposées la piété des
fidèles et qui sont soigneusement nourries par les prêtres, pour
lesquels c'est une œuvre pie.

En été, l'air est embaumé par le parfum des fleurs et des

plantes aromatiques. Les monastères tirant presque toutes leurs
provisions du dehors, le sol est peu cultivé et abandonné à la
végétation spontanée. Les arbres y sont respectés et on y trouve
des bouquets de bois, chose rare dans les autres îles cultivées
pouce par pouce et presque entièrement dépouillées d'arbres,

qu'on coupe sans merci pour le chauffage. Aussi le botaniste peut-
il faire à Pootoo de riches récoltes.

Je visitai plusieurs des temples : ils sont fort beaux et très-
anciens. Le premier prêtre bouddhiste s'établit dans l'île
l'an 907 de notre ère. On raconte que c'était un prêtre japo-
nais qui revenait d'un pélerinage au *Wu-tai-shan*, une fameuse
montagne sacrée du Shansi. En passant près de Pootoo, son
navire se trouva arrêté (dit la légende) dans une masse inex-

tricable de plantes de lotus dont il fut miraculeusement délivré à la suite d'un vœu à la déesse de Merci " Kuan Yin pousah ". Il débarqua sur l'île au pied d'un promontoire de rochers dans lesquels se trouve une grotte fort curieuse appelée *Chao-ying-tung* (grotte où résonnent les vagues). Il bâtit un temple juste au-dessus de cette grotte, près de l'endroit où une fissure permet de voir à l'intérieur. Lorsque la mer est grosse, elle rugit dans cette caverne et l'embrun des vagues sort comme une fumée blanche par cette sorte de cheminée. C'est une des curiosités naturelles de l'île.

Quelques milles plus au Nord se trouve un cap rocheux assez élevé, séparé du reste de l'île par un col recouvert des deux côtés (Nord et Sud) d'une épaisse couche de sable blanc, ressemblant à un glacier. Ce sable y a été évidemment poussé par la force des moussons, mais voici comment les prêtres de l'île en racontent l'origine :

Un jour la déesse de Merci voulut se rendre sur ce rocher qui était alors séparé de la terre ferme par un bras de mer. Le batelier auquel elle s'adressa, la prenant pour une pauvre femme, lui refusa durement ce petit service. Kuan Yin commanda aux sables d'envahir le détroit, et les sables montant rapidement ensevelirent l'homme sous une couche épaisse qui permit à la déesse de passer à pied sec. Depuis ce temps le sable monte chaque année un peu plus haut.

Une autre légende qui nous paraît encore plus intéressante au point de vue géologique est celle qui raconte que Pootoo n'est que le reste d'une île fort grande qui s'étendait autrefois à plusieurs milles au Nord-Est. La légende dit que le dragon marin, qui habite ces mers, ayant été, dans les âges passés, maltraité par les habitants de l'île, devint furieux et dans un moment de rage en avala la plus grande partie. Cette tradition populaire n'est que le récit d'un cataclysme volcanique, ainsi que l'indique la nature du terrain.

Avant de quitter Pootoo, je visitai quelques-uns de ses temples. Ils sont célèbres dans toute la Chine, car cette île est considérée comme le premier sanctuaire du Bouddhisme dans l'Empire céleste. Les premiers pélerins bouddhiques vinrent de l'Inde vers l'an 58 de notre ère, et le premier temple bâti à Pootoo date de l'an 900. Mais ce ne fut qu'en 1575 que l'Empereur *Wan li* fit cadeau de l'île aux prêtres du dieu indien par une lettre qui fut gravée sur une table de pierre que l'on conserve précieusement dans l'un des temples bâti par la femme de *Wan li*. Ce temple est appelé *Pootoo-Shan-ssu*, c'est-à-dire Temple de la Méditation de Bouddha ou Temple des Prêtres de Bouddha. Le nom même de Pootoo est dérivé du sanscrit *Poutala* qui désigne l'endroit où vivaient, près des bouches de l'Indus, les ancêtres de Çakyamouni (Bouddha). On raconte dans le temple de *Fa-yü-ssu*, qu'en l'année 1666 des hommes aux cheveux rouges, probablement les Portugais qui avaient fondé une colonie à Ningpo dès 1530, volèrent la grande cloche et l'emportèrent vers le Sud. En la débarquant elle devint tout-à-coup si lourde qu'elle tomba des mains des porteurs et s'enfouit profondément dans le sol où elle fut perdue pendant 60 ans. Jour et nuit on entendait de sourds gémissements en cet endroit, ce qui le fit considérer comme hanté par les esprits. Un homme courageux creusa le terrain et découvrit la cloche; on en informa l'abbé du temple de Pootoo qui vint la chercher en grande pompe à bord d'une jonque de guerre équipée aux frais du gouverneur d'Amoy. Deux des temples reconstruits par l'empereur *Kang-hi* sont recouverts de tuiles vernies jaunes qui proviennent du palais en ruine des empereurs de la dynastie des des Mings (1368-1628 à Nanking. Ils possèdent chacun une lettre autographe de l'empereur Kanghi (1702) gravée sur des tables de pierre élevées sous de charmants pavilons. On trouve aussi dans d'autres temples des lettres de l'empereur *Yung-Ching* (1723-1736) que l'on a aussi fait graver sur marbre. Contrairement à ce que j'ai vu dans le nord de la Chiné, les temples ici sont bien entretenus et l'on en construit même souvent de nouveaux.

Le grand temple ou Pootoo-shan-ssu est situé dans une charmante vallée au milieu de grands arbres : pins, érables, camphriers. On y accède par une allée dallée passant sous un arc-de-triomphe et traversant, sur un beau pont de marbre blanc, un vaste réservoir rempli de lotus aux fleurs blanches et roses. Des carpes monstres se jouent entre les tiges de cette superbe plante qui est sans doute le lotus sacré des égyptiens. Sur l'eau, je vois aussi flotter les coquilles ouvertes d'une grande moule d'eau douce le *Dipsas plicatus*. Ce sont les bonzes du temple qui se sont amusés à en faire de petits bateaux pour le service de la déesse. Un pauvre chinois s'étant permis de tendre un hameçon aux tortues sacrées qu'on conserve dans l'étang est saisi par les prêtres qui lui administrent quelques bons coups de bambou sur les épaules. — Avant d'entrer dans le temple on traverse un petit pavillon sous lequel se trouve dressée la pierre monumentale et à la surface de celle-ci est gravée la lettre impériale. Les cours du temple sont plantées de cyprès centenaires et dans l'une, en face de l'autel princidal, je remarque d'immenses chandeliers et un brûle-parfums monumental en bronze. A droite, près du réfectoire des bonzes, un poisson gigantesque taillé dans une pièce de bois est suspendu au toit par deux chaînes. Le bois est sonore et à l'heure des repas on appelle la communauté au réfectoire en frappant à coups redoublés sur cette cloche d'un nouveau genre.

Les bonzes de Pootoo sont les propriétaires de l'île de Chokéa. C'est de là qu'ils tirent leur bois et leurs provisions. Formée d'une suite de collines peu élevées qui sont séparées par de petites vallées bien boisées, l'île s'incline à l'ouest par des pentes douces. A l'est au contraire on trouve des falaises à pic avec des aiguilles de rochers séparées de la masse et entourées par les eaux; de nombreux points découpent la côte en plages de sable blanc et fin. La mer, d'un beau vert pur, qui brisait alors en longs rouleaux d'écume sur le sable brillant me rappela une plage de France, et malgré la saison avancée, je ne pus résister à l'envie de prendre un bain, au grand ébahissement et à la grande peur de mon guide chinois qui, me voyant disparaître à la nage derrière la crête blanche des vagues me croyait perdu. L'eau était délicieuse et moins froide qu'à Cherbourg en juillet; aussi me souviendrai-je longtemps de cette partie de natation sur cette belle plage de Chokéa appelée « Wolf bay » sur la carte et qui me parut d'autant plus charmante qu'elle n'est séparée que de quelques centaines de mètres des eaux boueuses de l'autre versant de l'île.

* * *

- Le lendemain, malgré la pluie et une nuit très noire, mon pilote mit bravement à la voile dès que la marée, remontant, nous fournit un courant favorable.

- Je ne sais comment il put trouver sa route dans cet inextricable groupe d'îles et de rochers qui forment l'archipel de Chusan. Par extraordinaire, ce brave chusanais ne semblait craindre ni les roches, ni les dieux marins. La main gauche sur la barre du gouvernail, de la droite il maintenait l'écoute de la grande voile. Il consultait de l'œil une boussole déposée à ses pieds, cumulant ainsi les fonctions de timonier, de matelot et de pilote. Parfaitement rassuré, je lui remis le commandement et allai m'étendre dans ma couchette où je fus doucement bercé par les vagues.

Nous fûmes bientôt en vue de la pointe Ketow où commence le Port Nimrod qui de là, s'enfonce à 50 milles au Sud-Ouest. Nous voyons passer près de nous la corvette de guerre chinoise, qui croise sans cesse dans ces parages pour la police de la pêche. Un peu plus loin un grand trois-mâts siamois était à l'ancre, attendant une brise ou un courant favorable. Il arrive souvent que des navires à voiles restent ainsi plusieurs jours avant de sortir de cet archipel où les marées et les vents se contrarient sans cesse. La plupart des navires naviguant sous pavillon siamois appartiennent à de riches négociants chinois de Bangkok. Tout l'équipage est composé de chinois, de Siamois et de malais; seuls le capitaine et son second sont européens, presque toujours allemands.

Une légère brise du nord-est nous permet de longer la côte nord du golfe; nous passons l'île Sinlo, puis nous nous engageons dans le « Canal des Jonques » qui sépare l'île Mei-Shan (île aux Prunes) de la terre. Ce canal fort étroit se rétrécit tellement qu'il porte plus loin le nom caractérisque de « Passe de dix pieds ». Assis sur le

PAYSAGE DE L'ARCHIPEL DE CHUSAN — SILVERSSLAND (King-tang-tao.)

pont, j'admire les deux côtes couvertes d'arbres verts jusqu'au bord de l'eau.

* *
*

Les huîtres ne sont pas les seuls mollusques cultivés à Chusan. En me promenant aux environs du village de Chan-Shan, je remarquai, près de la limite des hautes mers, juste contre les champs de riz, de vastes réservoirs, où l'eau n'arrive que dans les grandes marées, au moyen d'une ouverture faite dans un mur en terre et que l'on referme soigneusement lorsque le réservoir est plein. C'est dans ces parcs que l'on élève l'*Arca granosa* L, fort commune sur les marché de Ningpo et de Sanghaï où elle arrive dans de solides baquets de bois, étroits et profonds, fermés par un couvercle maintenu au moyen d'une barre transversale. La « graine » ou naissain ne vient pas de ce district, mais de celui de Tai-chou, où on l'achète vers le mois de mars pour 40 sapèques la livre, d'environ 1,000 coquilles, de la grosseur d'un pois.

Chaque réservoir mesure près de 15 mètres de long sur 8 de large et reçoit environ 1,800 livres de jeunes *Han-tsze* ou *Hai-tsze*, comme on appelle ces coquilles. Ceci représente une valeur de 65 dollars pour un nombre de 1,800,000 jeunes coquelourdes. Le naissain est récolté directement sur la boue à Wang-hai et Tai-ping-yuan dans le district de Tai-chou. La quantité déposée dans chaque réservoir varie naturellement avec la fortune du propriétaire. Le fond est de la boue dans laquelle les coquilles s'enfoncent à demi; aussi doit-on avoir toujours au moins un pied d'eau dans les parcs, sans quoi les coquelourdes périraient par la grande chaleur en été, ou seraient gelées en hiver, bien qu'elles prennent alors la précaution de s'enfoncer un peu plus profondément dans la boue.

Les oiseaux de mer en détruisent un bon nombre. Au bout de deux ans, on considère que les coquilles ont acquis leur taille marchande; trois d'entre elles doivent remplir la main. Elles valent alors 50 sapèques la livre qui en comprend environ 40.

La Chine est extrêment riche en coquilles. Je citerai celles qu'on trouve dans les eaux saumâtres et entre autres la *pinna japonica* dont le bord des valves, au lieu d'être mince et arrondi, est droit et épais. Cette belle coquille atteint souvent 30 centimètres de longueur.

Le village de Chang-Shan est propre, bien bâti et respire une certaine aisance. Les maisons sont solidement élevées sur un mur en pierres polygonales soigneusement cimentées et montant à la hauteur d'appui. Le reste du mur jusqu'au toit est en briques. Les fenêtres sont ornées de grillages faits en bois ou même en pierres découpées à jour. Il y a quelquefois deux étages. Au-dessous du toit, le mur est orné d'un large cordon peint à fresque et représentant des fleurs, des fruits ou des oiseaux, le tout encadré de lignes blanches et noires formant souvent une grecque gracieuse. Les pignons sont ornés d'un tableau de fleurs, quelquefois remplacées par le dragon emblématique ou de grands caractères chinois. Ces pignons se terminent par une sorte de cheminée recouverte d'un petit toit à faîtage recourbé et terminé en pointes s'élançant vers le ciel. Au-dessous, se trouvent quelques lettres chinoises indiquant le nom du village et celui du propriétaire.

Je remarquai aussi des espèces de cités ouvrières formées de petites maisons bâties sur un style uniforme autour d'une cour. Au centre de cette cour, un hangar renferme les instruments de pêche ou les machines aratoires, appartenant à la colonie. Les maisons avaient toutes un étage et une véranda. La devanture du rez-de-chaussée était fermée par des panneaux mobiles en bois sculpté et peint.

Les gens de *Chang-Shan* me parurent polis et affables; je pus visiter sans peine plusieurs maisons et en prendre le dessin sans être ennuyé par la foule. Pour rentrer à bord, je louai une chaise à porteurs formée d'un fauteuil en bambou monté sur deux longs brancards et recouvert de cotonnade bleue, tendue sur des cerceaux et formant tente. C'est dans cet appareil, sur les épaules de deux solides pêcheurs, que je fus porté sur la boue jusqu'à mon bateau.

La marée nous ayant remis à flot, nous mettons à la voile pour le village de *Si-Wang* au nord, où nous arrivons après quelques heures d'une charmante navigation. Là nous trouvons une jonque de guerre qui rentre du large où elle a accompagné toute une flottille de bateaux pêcheurs, maintenant tirés à sec sur le sable de la plage pour leur station d'hiver. C'est ici que se termine ma navigation, car le vent nous étant contraire, je trouve inutile de refaire lentement la même route en louvoyant sans cesse. Je débarque donc avec un des matelots et un domestique, prends avec moi quelques provisions et charge mon pitote de me ramener à Ningpo. Ce voyage nous prit deux jours. Nous débarquâmes enfin sur le marché au poisson.

Ce marché se trouve au bord de la rivière près de la porte de l'est, sous les murs mêmes de la cité et dans le voisinage de la fameuse pagode des Fokiennois, la plus belle de toute la ville. Entre cinq et six heures du matin, il y a toujours là un grand mouvement. Le quai, pavé de grandes dalles de grès, est rendu glissant par l'eau et les débris de poisson. Ici l'on débarque des coques de Nimrod. Elles sont renfermées dans de lourds baquets. Là ce sont des anguilles vivantes que l'on extrait des réservoirs d'un bateau de la rivière. Plus loin, le quai est encombré de baquets plats et oblongs dans lesquelles on conserve la vie des carpes ou d'autres poissons d'eau douce, des bateaux de Chefoo qui apportent ici des balles de poisson séché sur les rochers du cap Shantung, des jonques du Sud chargées d'holothuries pêchées et fumées sur les côtes de Formose. Des caisses bien conditionnées et marquées de caractères indiquant une provenance japonaise contiennent de l'*Awabi*, chair de l'haliotide gigantesque séchée, mets dont les Chinois sont très friands.

Visitons maintenant l'une des nombreuses boutiques de marchands de poisson et qui toutes ont deux façades, l'une sur le quai, l'autre sur une rue parallèle. Au-dessus de la porte, une grande planche laquée et noire porte en larges caractères dorés le nom du marchand. Ce nom se trouve répété dans l'intérieur sur une planche verticale placée près du comptoir et souvent accompagnée d'une autre sur laquelle se trouvent trois caractères bien lisibles : *Pou erh chia « point deux valeurs »*. C'est l'équivalent de notre « prix fixe ». L'entrée donnant sur le quai est encombrée, c'est là que se font les emballages, etc. Sur la rue, au contraire, tout est rangé symétriquement et le poisson est exposé proprement. Sur le pavé, en dehors, nous trouvons les baquets renfermant le poisson vivant, les crabes en vie ou les huîtres écaillées, conservées dans de l'eau de mer, ce qui les rend plus dégoûtantes qu'engageantes. Sur un étal ou pendus à des crochets de fer, on aperçoit les poissons que viennent d'apporter les bateaux.

Tout cela se vend au poids, déterminé au moyen d'une balance romaine.

Albert-Auguste FAUVEL

UN TOMBEAU DANS LES CHUSAN

www.ingramcontent.com/pod-product-compliance
Ingram Content Group UK Ltd.
Pitfield, Milton Keynes, MK11 3LW, UK
UKHW021027120726
13693UKWH00005B/2241